BEI GRIN MACHT SICH IHR WISSEN BEZAHLT

- Wir veröffentlichen Ihre Hausarbeit,
  Bachelor- und Masterarbeit

- Ihr eigenes eBook und Buch -
  weltweit in allen wichtigen Shops

- Verdienen Sie an jedem Verkauf

Jetzt bei www.GRIN.com hochladen und kostenlos publizieren

Der historische Kriminalroman in seiner Eigenschaft als Medium der Geschichtsvermittlung

Florian Meidinger

Bibliografische Information der Deutschen Nationalbibliothek:

Die Deutsche Nationalbibliothek verzeichnet diese Publikation in der Deutschen Nationalbibliografie; detaillierte bibliografische Daten sind im Internet über http://dnb.d-nb.de abrufbar.

ISBN: 9783346464446
Dieses Buch ist auch als E-Book erhältlich.

© GRIN Publishing GmbH
Nymphenburger Straße 86
80636 München

Druck und Bindung: Books on Demand GmbH, Norderstedt Germany
Gedruckt auf säurefreiem Papier aus verantwortungsvollen Quellen

Das vorliegende Werk wurde sorgfältig erarbeitet. Dennoch übernehmen Autoren und Verlag für die Richtigkeit von Angaben, Hinweisen, Links und Ratschlägen sowie eventuelle Druckfehler keine Haftung.

Das Buch bei GRIN: https://www.grin.com/document/1043244

Seminararbeit

aus dem W-Seminar

Historische Krimis – D / G

Thema: Der historische Kriminalroman in seiner Eigenschaft als Medium der Geschichtsvermittlung

Inhalt

1. Der Gegenstand der Seminarararbeit

Der historische Kriminalroman ist eine noch relativ junge Erscheinung. Im späteren 20. Jahrhundert wurde dieses Genre vermutlich von Umberto Eco, einem Semiotiker, erfunden und erfährt seitdem großen Zuspruch.

Bei der Betrachtung diverser Werke dieses Genres stellen sich sofort v.a. folgende grundlegende Fragestellungen:

> *Was sind historische Kriminalromane?*
> *Wie und mit welchen Folgen wird Geschichte in diesen Kriminalromanen vermittelt?*

Bereits Kurt Tucholsky, ein bekannter Journalist und Schriftsteller der Weimarer Republik im frühen 20. Jahrhundert, wies auf ein Problem des historischen Romans hin, das auch auf den historischen **Kriminal**roman anwendbar ist: Er meinte, jeder historische Roman würde v.a. ein Bild von der Epoche des **Verfassers** transportieren, indem er 1931 in der Publikation „Die Weltbühne" schrieb:

> *„Jeder historische Roman vermittelt ein ausgezeichnetes Bild von der Epoche*
> *des Verfassers."* [1]

Damit wies er zugleich daraufhin, dass jeder historische (Kriminal-)Roman die jeweils dargestellte Epoche immer aus dem Blickwinkel des Verfassers beschreibt und keine rein objektive Darstellung ermöglicht.

Diese Problemstellungen sind klar zu beachten bei der Frage nach den Folgen der Geschichtsvermittlung durch historische Kriminalromane.

Außerdem erfordern all diese Fragestellungen und auch die dabei erscheinenden Problemstellungen dringend eine genauere Untersuchung dieses Genres!

---

[1] vgl. Schefter.net. *Aphorismen.de.* Verfügbar unter https://www.aphorismen.de/zitat/100450 (letzter Aufruf: 11.06.2018, 21:28).

2. Definition des Genrebegriffs „Historischer Kriminalroman"

Um eine genauere Betrachtung dieses Genres ermöglichen zu können, muss zuerst klargestellt werden, um welche Art literarischer Werke es sich bei *„historischen Kriminalromanen"* handelt.

Eine Antwort auf diese Fragestellung gibt uns Barbara Korte zusammen mit Sylvia Paletschek in ihrem Herausgeberwerk „Geschichte im Krimi". Die beiden Autorinnen identifizieren zwei Arten des historischen Kriminalromans:

> *Bei der ersten findet zwar die Ermittlungshandlung in der Gegenwart statt, die aufzuklärenden Verbrechen haben ihre Wurzeln jedoch in der historischen Vergangenheit, so dass neben der üblichen kriminalistischen auch geschichtliche Aufklärungsarbeit erforderlich ist.* [2]

Des Weiteren fahren sie fort, dass es sich bei der zweiten Art des historischen Kriminalromans um Werke handelt, in denen das Verbrechen und gleichzeitig dessen Aufklärung sich in der Vergangenheit befänden.[3]

So lässt sich allerdings die erste der beiden Arten wohl eher als Grenzfall des Genrebegriffs einordnen, da es sich um keinen *reinen historischen Kriminalroman* handelt.

Zusammenfassend lassen sich die Merkmale der beiden Arten des historischen Kriminalromans zu einer neuen Definition synthetisieren:

Der historische Kriminalroman muss *per definitionem* ein Verbrechen thematisieren, das in der Vergangenheit liegt, also nicht im Zeitalter des jeweiligen Autors[4] geschehen ist. Der Zeit, in der die Aufklärung des geschilderten Verbrechens geschieht, wird hier keine Bedeutung zugemessen.

---

[2] Korte, B. & Paletschek, S. (2009). *Geschichte und Kriminalgeschichte(n): Texte, Kontexte, Zugänge.* In B. Korte (Hrsg.), *Geschichte im Krimi. Beiträge aus Kultur- und Geisteswissenschaften* (S. 7 - 27). Köln: Böhlau. S. 10.
[3] vgl. ibid.
[4] Hier bitte unbedingt den Hinweis zur Gender-Formulierung dieser Arbeit im Anhang beachten!

3. Geschichtsvermittlung im historischen Kriminalroman

In jedem Kriminalroman, wird entweder auf *direkte* oder *indirekte* Art ein bestimmtes Bild der Epoche, in der der Roman spielt, vermittelt. Man kann also in jedem historischen Kriminalroman von *Geschichtsbildung* sprechen.

3. 1 Das Grundprinzip der Geschichtsvermittlung in historischen (Kriminal-)Romanen

Prinzipiell lässt sich der historische Kriminalroman in mehrere Bestandteile gliedern:

- in die Geschichte, die den Roman mit Inhalt füllt und ihn meist zu einer Unterhaltungslektüre macht *(Fiktion)*
- und in den geschichtlichen Hintergrund, der in dem Roman, also *per definitionem* (s. ob.) v.a. bei dem Verbrechen, eine Rolle spielt *(Fakt)*.

Diese Bestandteile werden so vermengt, dass an manchen Stellen des Kriminalromans oft nur schwer erkenntlich ist, ob es sich hier um *Fakt* oder *Fiktion* handelt.

So wirkt der Krimi[5] nun auf den Leser. Beides prägt ihn: der *Fakt* und die *fiktiven* Handlungen und Inhalte. Gebremst wird diese Prägung lediglich durch eine Art Barriere, die zwischen dem Leser und dem Inhalt, besonders dem historischen, liegt. Diese Barriere wird im Folgenden als *historische Barriere* bezeichnet. Geschichtliche Epochen sind meist wenig zugänglich für die Leser, da sich diese häufig wenig vorstellen können, wie und unter welchen Umständen man bspw. im Mittelalter gelebt hat. Dies ist u.a. durch das mangelnde Verständnis für historische Denkhaltungen, mangelnde Kenntnis historischen Brauchtums, dessen Herkunft und dessen Ausgestaltung zu begründen. Nur wenige wissen, welche Feste und wie man diese – bspw. zur Zeit des Barocks – gefeiert hat oder welche gesellschaftlichen Zwänge und Regeln in den jeweiligen Epochen bestanden haben und selbst wenn diese bekannt sind, fehlt hierfür häufig das Verständnis oder die Nachvollziehbarkeit. Dies ist auch vollkommen in Ordnung – die historischen Epochen sind einfach schon zu lange her!

Historische Krimis schaffen es jedoch meist, diese *historische Barriere* zu durchbrechen und damit den Leser besser zu erreichen. So schaffen Krimis es schließlich besonders gut, die Vorstellung des Lesers von historischen Epochen und sein Geschichtsbewusstsein nachhaltig zu prägen.

---

[5] Krimi: Kurzwort für Kriminalroman.

Graphisch lässt sich die Geschichtsprägung und -vermittlung im historischen Kriminalroman darstellen, wie folgt:

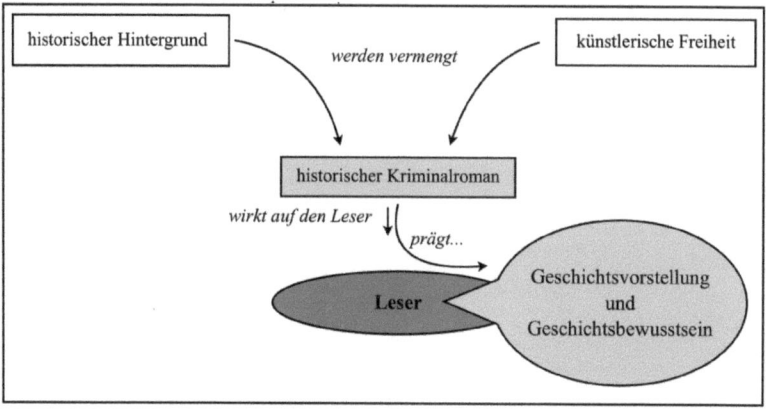

Abb. 1: Geschichtsvermittlung im historischen Kriminalroman[6]

3. 2 Genaueres zum System von Fakt und Fiktion im historischen Kriminalroman

Wie bereits erwähnt, spielt bei der Geschichtsvermittlung durch und im historischen Kriminalroman v.a. das Verhältnis zwischen Fakt und Fiktion eine bedeutende Rolle. Zum einen bestimmt das Verhältnis, wie erfolgreich ein Roman ist. Die meisten Leser wollen wohl v.a. unterhalten werden durch einen historischen Kriminalroman und im besten Falle dabei noch etwas über Geschichte erfahren.[7] Würde also bspw. der Anteil des Fakts überwiegen und die fiktive Handlung zu kurz kommen, wäre dieser Unterhaltungseffekt nichtig und die Menschen würden den Kriminalroman weniger häufig kaufen. Denn sie könnten dann ja gleich ein Sachbuch, das die gleiche Epoche thematisiert, erwerben. Also ist die Verwendung von Fiktion dringend notwendig.

Zum anderen bestimmt das Verhältnis von Fakt und Fiktion auch die Wirksamkeit der Geschichtsvermittlung: Die Fiktion fungiert besonders gut als gern gesehenes Transport-medium für die historischen Fakten, die ebenfalls durch den historischen Kriminalroman dem Leser präsentiert werden. Die Fakten werden beim Lesen sozusagen nebenbei aufgenommen. Der Leser merkt sich die erwähnten Fakten so besser. Eine Studie des Kinder- und Jugend-Magazins *Leo* und des Eltern-Magazins *scoyo* hat diese These indirekt unterstützt: „Ein

---

[6] Abbildung selbst erstellt. Hier bitte den „Hinweis zu den Abbildungen im Hauptteil" im Anhang beachten!
[7] vgl. Korte & Paletschek (2009), *Geschichte* S. 16.

Großteil der Kinder versteht den Lernstoff am besten, wenn er in spannenden Geschichten verpackt ist."[8]

Das Gleiche lässt sich also auch auf die Leser eines historischen Kriminalromans anwenden – egal, ob Erwachsener oder Kind.

Korte und Paletschek fügen zudem hinzu, historische Kriminalromane würden Geschichte im besten Falle lebendig machen und brächten diese dadurch dem Leser nahe.[9] Sie durchbrechen also die historische Barriere.

Auch diesen Gedankengang bauen Korte und Paletschek weiter aus: „Über fiktionale Figuren können die Leser die vergangene Welt ‚erfahren‘ und so eine simulierte ‚Insiderperspektive‘ auf die Geschichte einnehmen."[10]

Genau dieses von Korte und Paletschek beschriebene Erlangen einer „Insiderperspektive"[11] des Lesers ist mit dem Terminus des *Durchbrechens der historischen Barriere* gemeint.

Außerdem bestimmt das Verhältnis, wie realitäts**getreu** bzw. realitäts**nah** das Geschichtsbild der Leser durch den jeweiligen Krimi geprägt wird. Je mehr ein historischer Kriminalroman aus fiktiven Inhalten besteht, desto realitätsferner und verfälschter wird das Geschichtsbild der Leser.

Genau hierbei zeigt sich auch die Ambivalenz des Verhältnisses von Fakt und Fiktion: Je mehr Fiktion in einem historischen Kriminalroman steckt, desto leichter merkt sich der Leser den Inhalt und die wenigen Fakten des Romans. Aber zugleich wird dadurch auch das Geschichtsbild des Lesers möglicherweise immer realitätsferner geprägt, sodass falsche Vorstellungen entstehen können.

Dem Autor bleiben aber auch noch andere Methoden, das Geschichtsbild der Leser zu beeinflussen:

- eine individuelle Schwerpunktsetzung bei der Wahl der in die Geschichte eingeflochtenen Fakten: Stellt der Autor bspw. nur die Gräueltaten einer historischen Epoche dar, wirkt diese Epoche sogleich wesentlich grausamer, als wenn er zu diesen Gräueltaten auch die Verdienste und Errungenschaften der geschilderten Vergangenheitsperiode mit in den Roman eingebunden hätte.

---

[8] *scoyo* – Das Onlinemagazin für Eltern rund um Lernen, Schule, Familienleben und Medienkompetenz. Verfügbar unter https://www.de.scoyo.com/eltern/lernen/lerntipps-lernmotivation/lernen-mit-geschichten-was-bringt-das (letzter Aufruf: 11.06.2019, 21:04).
[9] vgl. Korte & Paletschek. (2009), *Geschichte* S. 16.
[10] ibid.
[11] ibid.

- und eine individuelle Schwerpunktsetzung bei der Wahl der fiktiven Elemente (in ihrer Art): Der Autor kann nämlich z. B. auch den Eindruck einer historischen Ära bestärken, wenn er die Geschichte um die Fakten unterstützenden fiktiven Geschehnisse bereichert.

Wie also zu bemerken ist, ist nicht nur das quantitative Verhältnis von Fakt und Fiktion zueinander dafür ausschlaggebend, welche Art von Geschichtsvorstellung und Geschichts-bewusstsein bei der Leserschaft erzeugt wird, sondern auch die Art der Fiktion bzw. der Fakten.

Das Paar von Fakt und Fiktion allerdings wird auch in jedem Roman zu einem eng verzahnten Paar, bei dem jeder Partner den anderen ergänzt. Denn durch Fakten bekommt das Fiktive des Krimis Leben eingehaucht. Setzt man bspw. eine fiktive Figur in eine zeitliche Epoche, erhält sie mehr Tiefe, wenn faktische Gegebenheiten ihr eine Identität verschaffen. Die Figur lebt in ihrer Zeit, große vergangene Ereignisse haben auch sie beeinflusst. Haben in der Kindheit einer fiktiven Figur, die im Mittelalter lebt z. B. kriegerische Überfälle feindlicher Völker ihren Heimatort in Angst und Schrecken versetzt, so prägt das die fiktive Figur. Sie wird ihr ganzes (fiktives) Leben lang vermutlich mit Angstzuständen leben müssen und vielleicht auch mit psychischen und physischen Einschränkungen. Würde die gleiche Figur aber in einem Ort, der seit mehreren hundert Jahren unangegriffen war, leben, wären ihre Einschränkungen und Prägungen wohl unlogisch... Wie soll eine Figur körperlich versehrt werden in einem Krieg, an dem sie so nie beteiligt war?

Klaus Peter Müller schildert so eine vom Autor erfundene Figur in einem historischen Kriminalroman als Produkt der faktischen Zeit, in die diese gesetzt wird.[12]

3. 3 Geschichtsbild, Geschichtsbewusstsein und Geschichtspräsentation

In den vorhergehenden Texten wurde bereits grob der Mechanismus der Geschichtsvermittlung durch und in historischen Krimis erläutert. Doch spielen bei diesem Vorgang noch weitere Fak-toren eine Rolle, die ihn nachhaltig prägen können:

---

[12] vgl. Müller, K. P. (2009). *Fakt und Fiktion im historischen Krimi: Die Nell Bray-Romane von Gillian Linscott und die Fernsehserie Inspector Jericho*. In B. Korte (Hrsg.), *Geschichte im Krimi. Beiträge aus Kultur- und Geisteswissenschaften* (S. 105 – 130). Köln: Böhlau.

3.3.1 Erweiterte Terminologie

Ein **Geschichtsbild** kann als „Bild, das sich jemand von Geschichte macht"[13] bzw. „Vorstellung von Geschichte"[14] bezeichnet werden. Ein solches Bild von der Geschichte hat wohl jeder Mensch, vermutlich sogar jeder Mensch sein eigenes Geschichtsbild. Es ist geprägt durch das eigene Erleben der Menschen und durch die Art, wie sie mit Geschichte in Kontakt gekommen sind. Der Terminus des Geschichtsbildes kann synonym zu dem Begriff der Geschichtsvorstellung verwendet werden.

Als **Geschichtsbewusstsein eines Kollektivs** aber wird v.a. das Geschichtsbild einer ganzen Gesellschaft bzw. Kultur oder ganz simpel einer Gruppe bezeichnet. Carlos Kölbl meint dazu in seinem Buch über das Geschichtsbewusstsein:

> *Als allererste Annäherung mag es genügen, Geschichtsbewußtsein als den Inbegriff für jene mentale Struktur, die bei unserem Umgang mit der kollektiv bedeutsamen Vergangenheit, Gegenwart und Zukunft als zugrundeliegend gedacht werden muß, aufzufassen.*[15]

Das Geschichtsbewusstsein einer Gesellschaft also deckt nur die historischen Epochen und deren Facetten ab, die für alle Mitglieder dieses Kollektivs von Bedeutung waren oder sie in irgendeiner Weise prägten. Es zeigt uns an, wie man mit der gemeinsamen Vergangenheit umgeht und diese verarbeitet. Im Gegensatz dazu steht das *individuelle Geschichtsbewusstsein*, das dem Geschichtsbild bzw. der Geschichtsvorstellung gleichkommt.

Die **Geschichtspräsentation** hingegen ist die Art und Weise, wie Geschichtsbilder bzw. Geschichtsbewusstsein vermittelt werden. Aber es spielt dabei auch eine Rolle, welche Art von Geschichtsbild hier transportiert wird. In historischen Kriminalromanen ist die *Strategie der Geschichtspräsentation* stark abhängig von den Anteilen fiktionaler und faktischer Elemente und von deren Art.[16] Synonym dazu ist die bereits erläuterte Geschichtsvermittlung.

---

[13] Dudenredaktion (o. J.). *Geschichtsbild, das.* Verfügbar unter https://www.duden.de/node /56687/revision/56723 (letzter Aufruf: 26.10.2019, 18:49).
[14] ibid.
[15] Kölbl, C. (2015). *Geschichtsbewußtsein im Jugendalter.* Bielefeld: transcript Verlag S. 21.
[16] siehe dazu auch Kapitel 3.1 Das Grundprinzip der Geschichtsvermittlung.

3. 3. 2   Zusammenhang von Geschichtsbild / Geschichtsvorstellung und Geschichtsbewusstsein in Gruppendynamiken (Kollektiven)

Kölbl zufolge (s. Zitat auf vorhergehender Seite zu Geschichtsbewusstsein) ist aber auch das Geschichtsbewusstsein eines Kollektivs ein vom Kollektiv anerkanntes Geschichtsbild, das sich mosaikhaft aus den Geschichtsbildern der Mitglieder des Kollektivs zusammensetzt.[17] Wobei auch hier Wechselwirkungen zu verzeichnen sind. Denn jedes Geschichtsbewusstsein eines Kollektivs beeinflusst auch unweigerlich das Geschichtsbild eines Individuums in diesem Kollektiv. Also beeinflusst das Geschichtsbild / die Geschichtsvorstellung der Individuen eines Kollektivs das darin vorherrschende Geschichtsbewusstsein, wobei dieses zwangsläufig auch die Geschichtsbilder der Individuen beeinflusst.

Dies ist vergleichbar mit dem physikalischen Wärmeaustausch eines Kaffeelöffels in einer Tasse voll heißem Kaffee: Ist der Kaffee bspw. 70 °C warm und der Löffel nur 10°C, so wird sich die Temperatur beider Gegenstände nach und nach auf 40 °C einpendeln.

Ähnlich geschieht dies mit den Geschichtsbildern eines Kollektivs. Nach und nach pendeln sie sich auf einem gemeinsamen Nenner, dem gemeinsamen Geschichtsbewusstsein, ein. Aber diese Entwicklung ist dynamisch und kann etwas schwanken. So sind gesellschaftlich anerkannte Epochen nicht immer gleich hoch geschätzt, wenn sich die Meinungen der Mitglieder der Gesellschaft (= Kollektiv) ändern.

Die in diesem Kapitel erläuterten Zusammenhänge lassen sich graphisch wie folgt darstellen:

---

[17] vgl. Kölbl (2015), *Geschichtsbewußtsein* S. 21.

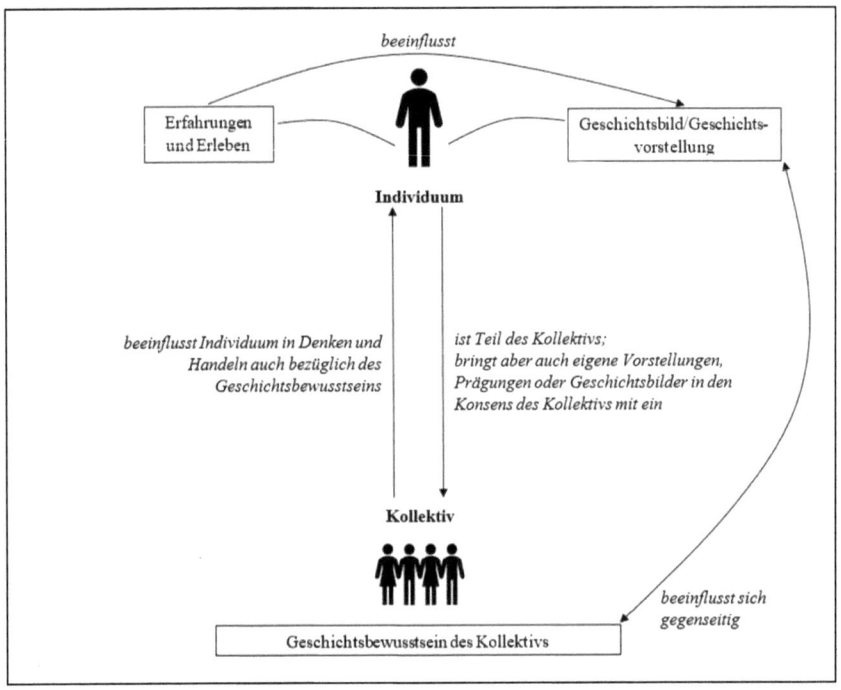

Abbildung 2: *Wechselwirkungen zwischen dem Individuum und dem Kollektiv, Geschichtsbild und Geschichtsbewusstsein betreffend[18]*

Ist das Geschichtsbewusstsein allerdings streng vorgegeben, wie das oft in totalitären Systemen der Fall ist – wie z. B. in dem deutschen NS-Staat – kann keine Beeinflussung des Geschichtsbewusstseins der Gesellschaft durch die Geschichtsbilder der Individuen stattfinden, aber eine Beeinflussung der Geschichtsbilder durch das Geschichtsbewusstsein. So war man im nationalsozialistischen Deutschland z. B. stark überzeugt von dem heldenhaften Treiben urgermanischer Stämme. Dies wurde von der das Reich leitenden NSDAP[19] so vorgegeben und propagiert. Die Bürger waren auf diese Weise gezwungenermaßen irgendwann auch weitgehend davon überzeugt.

Und genau hier ist die Geschichtspräsentation / Geschichtsvermittlung (zumindest, wenn sie von subjektiven Eindrücken geprägt ist) Mittel zum Zweck: Durch Geschichtspräsentation

---

[18] Bei den Abbildungen bitte den „Hinweis zu den Abbildungen im Hauptteil" im Anhang beachten!
[19] NSDAP: nationalsozialistische deutsche Arbeiterpartei, Partei Adolf Hitlers.

können die Geschichtsbilder / Geschichtsvorstellungen der Mitglieder eines Kollektivs so beeinflusst werden, dass das gewünschte Geschichtsbewusstsein entsteht.

Allerdings kann auch hier die Geschichtspräsentation durch die Geschichtsvorstellung des Präsentierenden beeinflusst sein, welche wiederum vom Geschichtsbewusstsein des Individuums abhängig ist.

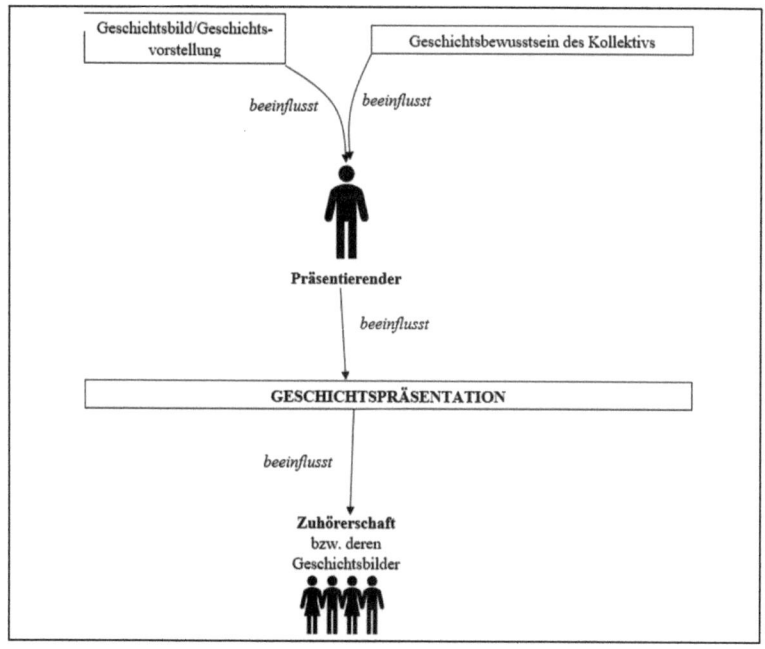

Abbildung 3: *Der Mechanismus der Geschichtspräsentation*[20]

Bei historischen Kriminalromanen handelt es sich ebenso um eine Geschichtspräsentation: Der Präsentierende ist der Autor. Das Kollektiv sind die Gesellschaft, die Leser und die Autoren, wie auch die Leser die Zuhörerschaft der Geschichtspräsentation bilden.[21] Der Autor steht also genauso, wie der Geschichtspräsentierende, unter den Einflüssen des kollektiven Geschichtsbilds der Gesellschaft und hat sich im besten Falle selbst ein eigenes Geschichtsbild – mehr oder weniger bewusst – gebildet. Natürlich wirkt das kollektive Geschichtsbild, eine Zusammensetzung aus den Geschichtsbildern der Individuen (s. oben), eher unbewusst auf den Autor und der Entwicklung seines eigenen Geschichtsbildes. So haben mehr oder weniger beide

---

[20] Bei den Abbildungen bitte den „Hinweis zu den Abbildungen im Hauptteil" im Anhang beachten!
[21] vgl. Abbildung 3: Der Mechanismus der Geschichtspräsentation.

Geschichtsbilder auf den historischen Kriminalroman und die Art der Geschichtspräsentation einen Einfluss. Der Autor gestaltet den Roman durch die bewusste Wahl von Fakt und Fiktion genau so, dass er den Lesern sein eigenes Geschichtsbild transportiert. Auch das geschieht mehr oder weniger bewusst: Natürlich ist der Autor von seinem eigenen Geschichtsbild überzeugt, kennt nur dieses und sieht es möglicherweise auch als einzig richtiges an, jedoch verfolgt er nur selten wirklich eine missionarische Tätigkeit, in der er dem Leser sein einzig echtes Geschichtsbild nahebringen möchte.

Eine Einflussnahme des Autors erfolgt hier wieder durch das antonyme Paar von Fakt und Fiktion und auch die Auswahl der Fakten, sowie der fiktiven Adaptionen.[22]

3. 4 Der Einsatz von Fakt und Fiktion in historischen Kriminalromanen allgemein

Das antonyme Paar von Fakt und Fiktion spielt eine wichtige Rolle im Gefüge des Mechanimusses der Geschichtsvermittlung im historischen (Kriminal-) Roman (vgl. Abbildung 1 und Kapitel 3. 2).

Daher können in einigen Geschichtskrimis verschiedene Einsatzszenarien dafür erkannt werden.

3. 4. 1 Der Einsatz von Fiktion in historischen Kriminalromanen

Ein einfaches Beispiel für eine fiktive Veränderung der historischen Gegebenheiten, ist wohl das Angleichen der Schriftsprache, sowie der im Roman gesprochenen Sprache an modernes Hochdeutsch. Kein Krimi beinhaltet *lange* Passagen in altdeutscher Sprache, Latein oder ähnlichem. Und dies aus verschiedenen Gründen: Zum einen ist es natürlich für den Autor oft nur sehr schwer möglich, ein ganzes Werk in alter, manchmal vielleicht sogar ausgestorbener Sprache (Latein, Altgriechisch, alt-/ mittelhochdeutsch usw.) zu verfassen[23], zum anderen wäre der Text in zu altem Sprachstil wohl auch für den Leser zu wenig zugänglich und würde niemals so ein Durchdringen der *historischen Barriere[24]* ermöglichen. Zudem würde hier der Lesespaß für das Publikum eindeutig zu kurz kommen und das Lesen wäre eine Zumutung.

---

[22] vgl. Kapitel 3. 2.

[23] vgl. Müller, K. P. (2009). *Fakt und Fiktion im historischen Krimi: Die Nell Bray-Romane von Gillian Linscott und die Fernsehserie Inspector Jericho.* In B. Korte (Hrsg.), *Geschichte im Krimi. Beiträge aus Kultur- und Geisteswissenschaften* (S. 77 – 94). Köln: Böhlau. S. 84f.

[24] zur genaueren Erklärung dieses Fachterminus s. Kapitel 3.

Eine besondere Schwierigkeit allerdings birgt es, historische Fakten in den Roman einzuarbeiten, ohne sachtextartige Abschnitte einzubauen – dem Leser soll schließlich der größtmögliche Lesegenuss erhalten bleiben. Manche Romane zeigen historische Fakten aus dem Verhalten und aus „subjektiven Reaktionen einer fiktionalen Figur"[25]. Klaus Peter Müller erläutert hierbei folgende zusätzliche Vorteile dieser Strategie: „Die Leserinnen und Leser werden unmittelbar involviert, wobei hier typischerweise keine simple Identifikation mit der Hauptfigur intendiert ist, sondern [auch] Verständnis."[26]

Dieses Verständnis erleichtert es also den Lesern, trotz der „Distanz, die sich [...] durch die historische und politische Ferne aus heutiger Sicht ergibt"[27], sich in die Figuren hineinzuversetzen bzw. eventuell sogar zu ihnen eine emotionale Bindung aufzubauen: Der Leser fühlt mit. Erfährt also eine Frau beispielsweise in einem historischen Kriminalroman, dass ihr Mann im zweiten Weltkrieg gefallen ist und beginnt sie dabei zu weinen, kann der Leser sich gut in das Elend der Zuhause-Gebliebenen dieser Zeit hineinversetzen. Er kann die Situation der zwar eigentlich fiktiven Figur mit seiner Lebenssituation vergleichen und im besten Falle Parallelen finden. Durch diesen Vergleich, fällt es ihm wohl leichter, sozusagen exemplarisch das Leben einer bestimmten Epoche der Vergangenheit zu begreifen.

Die beschriebene **Situation und die Reaktion der Figur** aber kann auch nur eine Fiktion des Autors sein. Die Figur selbst kann tatsächlich gelebt haben. In unserem Beispiel wäre es also möglich, dass eine Frau geschildert wird, die real zur Zeit des zweiten Weltkriegs gelebt hat, ihre Reaktion auf die Todesnachricht ihres Mannes aber aus einer rein fiktiven Vorstellung des Autors entstanden ist. Auch hier kann man bereits von einer Geschichtsvermittlung durch Fiktion sprechen, denn die Brücke zum Leserpublikum, das durch diese fiktive Reaktion eine Bindung zur Figur aufbauen kann, entsteht aus der Vorstellung des Autors.[28]

Es gibt allerdings auch noch eine andere Möglichkeit, Fakten in einen historischen Krimi einzuarbeiten. Wenngleich diese Methode weniger wirksam sein dürfte: Der Autor kann zusätzlich zu den Fakten, mit denen das Personal des historischen Kriminalromans auf direkte Art und Weise in Berührung kommt, auch Fakten einstreuen, die den Charakter eines Romans

---

[25] Müller. (2009), *Fakt* S. 82.
[26] ibid.
[27] ibid.
[28] Diese Taktik spielt v.a. in historischen Kriminalromanen um berühmte, historische Persönlichkeiten eine Rolle.

weniger betreffen. So könnte in Kriminalromanen aus moderneren Epochen etwa ein Zeitungsjunge lauthals am Straßenrand eine Schlagzeile verkünden. Der Protagonist des Romans kommt mit dem Geschehnis nicht *direkt* in Verbindung, d.h. er wird nicht unmittelbar damit konfrontiert und muss daher auch keine großartige Reaktion darauf zeigen. Die Fakten allerdings sind dennoch im Roman enthalten und der Leser nimmt sie mehr oder weniger auf. Allerdings fehlt eben hier die direkte Nachvollziehbarkeit für den Leser, was die Effektivität der Informationsaufnahmen deutlich reduzieren dürfte.

3. 5 Fakt und Fiktion am Beispiel diverser Rezeptionen historischer Kriminalromane der Gegenwartsliteratur

Fakt und Fiktion sind die Herzstücke eines jeden historischen Kriminalromans. Dieses Paar und dessen Verwendung macht das Wesen eines historischen Krimis aus. So auch in den folgenden Beispielen:

3. 5. 1 Fakt und Fiktion am Beispiel diverser Rezeptionen historischer Kriminalromane der Erwachsenen-Belletristik

Ein gutes Beispiel für geschickt eingesetzte fiktive Elemente ist der Roman „Wolfswinter" von Christina Döhlings: Hier finden sich einige fiktive Veränderungen, die dem Leser auf den ersten Blick wahrscheinlich nicht direkt auffallen. Die offensichtlichste Fiktion davon ist wohl die Angleichung der Sprache an das Hochdeutsche. Aber auch die Tatsache, dass sich in dem Buch drei Protagonisten auf die Suche nach einem Mörder machen, die sich in Wirklichkeit wohl niemals dazu aufgemacht hätten, ist eine große, aber für die Erzählung notwendige Fiktion. Der Roman spielt im Jahre 1510, als um ein Dorf in der Nähe von Neuss ein Mörder sein Unwesen trieb: Es wurde ein Mord verübt und die Leiche verstümmelt, als hätte ein Wolf das Opfer „gerissen". Ermittelt wird nun von drei Vertretern des Dritten Stands – einem Weinhändler, einem Barbier und einem Schuster.[29]

Alleine in dieser Tatsache liegen bereits mehrere fiktive Adaptierungen einer möglichen Realität durch die Autorin, die aber unbedingt notwendig sind, damit die Handlung des Romans überhaupt zu Stande kommen kann. In der mittelalterlichen Realität hatten Vertreter des Dritten

---

[29] vgl. Döhlings, C. (2012). *Wolfswinter. Historischer Kriminalroman.* Köln: emons.

Standes anderes zu tun, als einen Mord aufzuklären – sie mussten für ihren Lebens-unterhalt sorgen, was in dieser Epoche keine Zeit für Ermittlungen übrig gelassen hat. Mordermittlungen generell waren zur Zeit des Mittelalters wohl eher ungewöhnlich, zumal der Roman weit außerhalb einer Stadt in einem Dorf mitten auf dem Land spielt.

Eine weitere fiktive Veränderung befindet sich außerdem darin, dass die Berufe zweier Romanprotagonisten für die damalige Zeit unüblich stark spezialisiert sind[30]. So war es im 16. Jahrhundert (1500-1599) noch eher unüblich, sich als Kaufmann auf Wein zu beschränken und diesen Wein als *sesshafter* Händler nur an Lauf- und Stammkundschaft zu verkaufen. Kaufleute waren in der damaligen Zeit noch als fahrende Händler unterwegs, deren Reisetätigkeit sich nicht nur auf den Einkauf neuer Weine beschränkt hat. So wird dies aber in Döhlings „Wolfswinter" beschrieben. Auch gab es den Beruf des Barbiers nicht: Es gab zwar umherziehende Bader, die die Aufgaben eines Barbiers übernahmen, aber einen auf Haar- und Bartpflege spezialisierten sesshaften Barbier gab es nicht.

Auch in Angelika Felendas Krimi „Der eiserne Sommer" ist ein für die Handlung des Romans lebenswichtiger Einsatz von fiktiver Gestaltung zu bemerken. In diesem Krimi ermittelt der junge Kommissär Reitmeyer 1914 in München in einem verzwickten Mordfall, der ihn in die Kreise der Offiziere der Reichswehr führt.[31] Ermittlungen in diesen Personenkreisen aber waren kurz vor dem ersten Weltkrieg verboten. Der Zweifel an der Immunität und der Unbescholtenheit der bayerischen Offiziere galt als Reichswehrzersetzung und kriegsgefährdende Tätigkeit.[32]

Und genau hier befinden sich gleich zwei gravierende fiktive Umgestaltungen durch Felenda: Wohl kaum hätte sich ein junger Kriminalkommissär in der damaligen Zeit über ein solches höchst offizielles Verbot hinweggesetzt und so seinen Job riskiert.

Außerdem geht Reitmeyer nach Ermittlungsmethoden vor, die v.a. nach dem zweiten Weltkrieg Ernst Gennat in Berlin prägte: So betrachtet er z. B. mit seinem Kollegen den Tatort an der Ludwigsbrücke, ohne dass dieser zuvor bereinigt und aufgeräumt wurde, wie das sonst eigentlich üblich war. Derartige Ermittlungsmethoden etablierten sich landesweit erst viel später im Deutschen Reich. Auch die Institution einer Mordkommission der Kriminalpolizei

---

[30] vgl. Pahl, J.-P. (2017). *Berufe, Berufswissenschaft und Berufsbildungswissenschaft.* Bielefeld: wbv S. 93.
[31] vgl. Felenda, A. (2014). *Der eiserne Sommer: Reitmeyers erster Fall.* Suhrkamp Nova.
[32] vgl. Felenda, A. (2014). *Der eiserne Sommer: Reitmeyers erster Fall.* Suhrkamp Nova Klappentext.

gab es vor dem ersten Weltkrieg nicht. Ernst Gennat gründete die erste nämlich erst 1926 in Berlin am Alexanderplatz. [33]

Im historischen Kriminalroman „MALVM RADASPONAE – Unheil in Radaspona" von Wolfgang Eckl ist allerdings eine sehr interessante Methode der *Vermittlung von Fakten* sichtbar: Hier hat der Autor immer wieder lateinische Ausdrücke eingeflochten, die dann anschließend in einem Glossar näher erläutert werden. Der Autor streut also *bewusst* historische Fakten ein, ohne dabei den Lesefluss und den Lesespaß der Leser zu stören. Der Leser ist besonders nah an den historischen Fakten und nimmt diese dennoch so leicht und unbeschwert wie in jedem beliebigen anderen Kriminalroman auf.

Der Autor aber ist hier in einer besonderen Verantwortung: Da das Buch durch den Glossar-Anhang und die eingestreuten Fachtermini einen sachlicheren und fachlicheren Charakter erhält, ist der Leser nun leichter bereit die präsentierte Geschichte und die darin versteckten Fakten aufzunehmen – der Roman wirkt fast wie ein Sachbuch. Wäre es ein Film, würde man in solch einem Fall von einer *Doku-Fiction* sprechen. Dem entsprechend muss der Autor genauso sauber recherchieren wie ein Sachbuchautor und darf nicht leichtfertig fiktive Ideen als Fakten durch das Glossar verkaufen. Der Wahrheitsgehalt hat hier einen besonders großen Stellenwert.

3. 5. 2 Fakt und Fiktion in Rezeptionen historischer Kriminalromane der Kinder- und Jugendbelletristik

Auch in historischen Krimis für Kinder und Jugendliche kann man die Verwendung dieses gegensätzlichen, aber trotzdem komplementären Paares beobachten. Hier aber ist der Einsatz von Fiktion oft etwas offensichtlicher, als in den Rezeptionen der Erwachsenenliteratur. Ein gutes Beispiel für einen sehr offensichtlichen Einsatz von fiktiven Beifügungen sind die historischen *Ratekrimis*. Dazu können gleich zwei Buchreihen genannt werden: „Tatort Geschichte" und „Tatort Forschung". Als Beispiel-Band soll dazu „Rettet den Pharao!" von Renée Holler dienen; er ist ein Teil der Reihe „Tatort Geschichte". Da aber beide Reihen dem gleichen Aufbau und Prinzip folgen, sind die Forschungsergebnisse für alle Bücher aus beiden Reihen gültig.

---

[33] vgl. RBB Fernsehen Online (2013). *Tatort Berlin: Ernst Gennat – der Mordinspektor vom Alex*. Verfügbar unter https://archive.fo/20131021225549/http://www.rbb-online.de/doku/s-t/tatort-berlin-ernst-gennat.html (letzter Aufruf 22.10.2019, 21:19).

Die offensichtlichste Fiktion in „Rettet den Pharao!" sind wohl die Rätsel, die die Leser am Ende jedes Kapitels lösen sollen.[34] Zum einen sind sie vollkommen frei erfunden, zum anderen auch realitätsfremd. So müssen die Leser eine Botschaft in einer Geheimschrift entschlüsseln, die es tatsächlich in dieser Form niemals gegeben hat. Aber solche Rätsel haben für die Leserschaft einen großen Vorteil: Sie kann dadurch direkten Bezug zu den Ermittelnden aufbauen, womit der Anschein entsteht, dass sie aktiv am Ermittlungsprozess teilnehmen.

Auch die Personengruppe, die in diesen Büchern ermittelt, ist reine Fiktion: Es ermitteln stets Kinder. Jedoch ist es äußerst unglaubwürdig, dass Kinder im antiken Rom, im antiken Griechenland oder im alten Ägypten wirklich Ermittlungen anstellten. Auch entwickelte sich die Kindheit, wie wir sie heute kennen, erst während der Frühen Neuzeit, also ab dem 15. Jahrhundert.[35] Die Kinder in den Büchern hätten in der Realität vermutlich gar nicht die Zeit gehabt, irgendwelchen Ermittlungen nachzugehen, denn sie haben im Normalfall ihren Eltern in den heimischen Betrieben helfen müssen.

Diese zwei Arten der fiktionalen Gestaltung eines Romans sind wohl eher weniger gefährlich, da den Lesern, die laut didaktischer Empfehlung des Verlags an der Este[36] schon die fünfte oder sechste Klasse besuchen sollten, zugetraut werden kann, dass sie diese fiktiven Veränderungen bemerken und als falsch identifizieren. Selbst, wenn dies nicht geschehen sollte, wäre es bei den beschriebenen fiktiven Veränderungen ein wohl hinnehmbarer Nachteil – das Geschichtsbild der Leser ist nicht sonderlich stark verfälscht. Falls das trotzdem der Fall wäre, würde das durch den Geschichtsunterricht, der in dieser Altersgruppe den Lesern meist noch größtenteils bevorsteht, korrigierbar sein.

Allerdings ist in jedem Band ein kurzer Anhang zu finden, der sachgerecht und v.a. altersgerecht über die realen Gegebenheiten der Epochen, in denen die Krimis jeweils spielen, aufklärt. Dieser soll möglichen Missverständnissen oder falscher geschichtlicher Bildung der Leserschaft vorbeugen.

Ein weiteres offensichtliches Einsatzszenario fiktionaler Verfälschungen lässt sich in der Reihe „Die Zeitdetektive" von Fabian Lenk erkennen. In dieser Reihe reisen die drei Jugendlichen Julian, Leon und Kim mit ihrer Katze Kija – die Zeitdetektive – durch eine Art Zeitmaschinenraum, den „Tempus", in die Vergangenheit, um dort diverse Kriminalfälle

---

[34] Beispiele für solche Rätsel sind im Anhang zu finden.
[35] Oberhauser, C. (2009). Kindheit in der Neuzeit. *historia. scribere*, (1), 567ff.
[36] vgl. Verlag an der Este. *Produkt: Rettet den Pharao!*. Verfügbar unter https://www.verlageste.de/product/rettet-den-pharao.785933.html# (letzter Aufruf: 07.10.2019, 17:38).

aufzuklären und verschiedene Rätsel zu lösen. Auch hierin liegt natürlich eine fiktionale Ergänzung der Realität.

Die aber für die germanistische Forschung viel relevantere fiktionale Erweiterung der Realität ist die Tatsache, dass die Jugendlichen fast wie durch ein Wunder stets die Landessprache ihres Zeitreise-Ziels beherrschen und sich so mit den Einheimischen unterhalten können. Eine Sprachbarriere existiert für die Zeitdetektive also nie.

Aber auch in diesen Krimis[37] findet der Leser manchmal Fachtermini oder Ausdrücke aus den altertümlichen Sprachen der Zeitreise-Zielländer eingestreut, die am Ende des Buches in einem Glossar näher erläutert werden. In dem hier verwendeten Beispiel-Band „Teufelskraut" werden Begrifflichkeiten rund um ein mittelalterliches Kloster verwendet und erklärt. Die jungen Leser erfahren etwa u.a. die verschiedenen Namen der klösterlichen Stundengebete, wie die Vesper oder die Laudes.

Außerdem befindet sich im Anhang auch hier stets ein Erläuterungstext zu den verschiedenen Epochen, in welche die Zeitdetektive gereist sind. Also wird jede fiktive Veränderung durch Aufklärung über die reale Faktenlage abgefangen.

3. 6 Chancen und Risiken der Geschichtsvermittlung durch historische Kriminalromane

Die Bewertung der Geschichtsvermittlung durch historische Kriminalromane stellt sich als ambivalent dar: Natürlich ist sie durch das Überwinden der historischen Barriere besonders erfolgreich und dem Leser mittelbar. Andererseits verfälschen die diversen fiktionalen Einstreuungen das Geschichtsbild des Lesers.

Der Autor befindet sich auf einem schmalen Grat zwischen Geschichtsverfälschung und Geschichtsvermittlung. Als Faustregel gilt daher also, möglichst wenig fiktive Elemente in den historischen Kriminalromanen zu verwenden und vor allem auf unnötigen Einsatz von fiktiver Verfälschung zu verzichten. Gerade da dem Leser hier Geschichte durch Erleben[38] beigebracht wird, nimmt er einige Details in historischen Krimis ungefiltert und unhinterfragt auf. Dennoch liegt genau in diesem „Lernen durch Erleben" auch ein die Nachteile überwiegender Vorteil des historischen Kriminalromans: Die Lernergebnisse sind besonders nachhaltig, da der Leser

---

[37] zur Erinnerung: „Die Zeitdetektive" ist eine Buchreihe von Fabian Lenk. Daher wird hier an dieser Stelle die Pluralform verwendet.
[38] Gemeint ist hier, dass der Leser durch das Lesen eines historischen Kriminalromans, sozusagen selbst in die Vergangenheit reist und in die Rolle der Protagonisten schlüpft, was dem Leser ein Lernen durch Erleben ermöglicht.

unmittelbar an den Lerninhalten beteiligt ist, wie eine Studie des Kinder- und Jugend-Magazins *Leo* und des Eltern-Magazins *scoyo* beweist.[39]

4. Die Beliebtheit der historischen Kriminalromane in Deutschland

In 2017 waren laut dem Mediendossier des Börsenvereins des Deutschen Buchhandels insgesamt 34.316 **Krimis** als Druckausgaben und E-Books auf dem Markt erhältlich. Immerhin 1.378 dieser Krimis waren **historische Krimis**.[40] Man kann an diesem Angebot sehen, wie beliebt dieses Genre bei den deutschen Lesern ist. Ein möglicher Grund dafür könnte das dem Menschen häufig zugrundeliegende Geschichtsinteresse sein, mehr über Leben und Alltag seiner Vorfahren zu erfahren.

Hinzu kommen die besonderen Chancen, die der historische Krimi beim Stillen dieses Geschichtsinteresses bietet, die bereits in Kapitel 3. 5 genannt wurden. Eine „Geschichtsaufarbeitung" ist hier sozusagen sogar noch „nebenbei" möglich, sie ist unterhaltsam und macht Spaß. Sie unterscheidet sich also damit bedeutend von einer Geschichtsaufarbeitung durch die trockene Lektüre von Geschichtsbüchern (Sachbüchern) oder durch den Geschichtsunterricht.

Ein weiterer Grund für diesen beachtlichen Zuspruch der deutschen Leser zum Genre des historischen Kriminalromans kann auch sein, dass die Lektüre historischer Romane generell, und somit auch die der historischen *Krimis*, den Lesern die Möglichkeit gibt, beim Lesen in „andere Welten" abzutauchen. Der Leser lebt so mit den Protagonisten in einer Welt fernab des Stresses des 21. Jahrhunderts und fernab so mancher Unanehmlichkeit des Alltags. Positiv kommt hier oft hinzu, dass die Vergangenheit häufig von den Lektüren, wenn nicht sogar von den Lesern, sehr verklärt wird – nicht zuletzt auch, damit der Leser einen besseren Zugang zur Epoche und Geschichte des historischen Krimis erhält.

---

[39] *scoyo* – Das Onlinemagazin für Eltern rund um Lernen, Schule, Familienleben und Medienkompetenz. Verfügbar unter https://www-de.scoyo.com/eltern/lernen/lerntipps-lernmotivation/lernen-mit-geschichten-was-bringt-das (letzter Aufruf: 11.06.2019, 21:04).
[40] Zahlen selbst errechnet: Summe der Kategorien „Print" und „E-Book". Basis-Daten dazu: Börsenverein des Deutschen Buchhandels (2018). Mediendossier Krimi/Spannung 2017. Verfügbar unter http://www.boersenverein.de/sixcms/media.php/1117/ Dossier_ Krimi_2018.pdf (gespeichert 30.12.2018, 14:48).

5. Ausblick: Mögliche Zukunftsperspektiven des historischen Kriminalromans

Der historische Kriminalroman ist das wohl bislang am schlechtesten erforschte Genre gegenwärtiger deutscher Unterhaltungsliteratur, sodass hier noch eine Menge von Seiten der Germanisten und Literaturwissenschaftler getan werden muss.

Dennoch, auch ohne eine großartige Erforschung, ist und bleibt der historische Kriminalroman ein gutes Mittel zur Geschichtsvermittlung. Allerdings sind auch die in Kapitel 3. 5 genannten Risiken hierbei nicht zu vergessen. Dies betreffend ist wohl noch einiges an Aufklärungsarbeit zu leisten. Dazu könnte man bspw. den historischen Krimi als Lektüre mehr in den Rahmen des Geschichtsunterrichtes oder in den Deutschunterricht integrieren. Würden die Schüler sich im Rahmen des Unterrichts, angeleitet durch eine fachlich (v.a. historisch) versierte Lehrkraft, kritisch mit einzelnen Exemplaren dieses Genres auseinander setzen, könnten sie lernen, die damit einhergehenden Risiken bezüglich einer sachgerechten Geschichtsbildung bzw. Geschichtsvermittlung, selbstständig einzuschätzen und zu erkennen. Sie würden das ihnen als Fiktion der Romane Dargelegte kritischer hinterfragen können und so fehlerhafte Geschichtsbildung bzw. fehlerhaftes Geschichtsbewusstsein vermeiden.

Um dies im Rahmen eines Unterrichts wirklich zu erreichen, könnte man die Schüler bspw. eine Bewertung einzelner Exemplare historischer Krimis nach ähnlichen Gesichtspunkten vornehmen lassen, wie in den Kapiteln 3. 4 und 3. 5 beschrieben – getreu dem neuzeitlichen pädagogischen Grundsatz „Learning by doing".

Aber auch ohne eine solche kritische Auseinandersetzung mit diesem Genre würden sich historische Kriminalromane auf jeden Fall zur besseren Vermittlung der historischen Fakten, welche die Schüler ohnehin lernen müssen, sehr gut eignen. So kann den Schülern der oft trockene Stoff des Lehrplans deutlich lebendiger und mit wesentlich größeren Erfolgen nahegebracht werden.[41]

Darüber hinaus kann die Erforschung der historischen Kriminalromane der Wissenschaft bezüglich der Frage nach dem Geschichtsbild der Menschen unserer Zeit Aufschluss geben. Denn nicht nur der Leser wird geprägt durch den historischen Roman, sondern auch, wie in den Kapiteln 3 – 3. 3 bereits erwähnt, der Kriminalroman vom Autor durch den meistens bewussten und oft gezielten Einsatz fiktionaler Elemente.

---

[41] s. Kapitel 4

Bereits Kurt Tucholsky[42] meinte, dass historische Kriminalromane wohl eher ein Bild der Epochen der Verfasser vermitteln und weniger eines der Epochen, die sie eigentlich behandeln sollten.[43] Also kann man an der Art, *wie* ein Autor in seinen Kriminalromanen eine Epoche gestaltet, erkennen, was er selbst von dieser Epoche hält. Ebenso kann daran die Meinung der Allgemeinheit zu dieser Epoche ausgemacht werden, da sie den Autor bei seiner Geschichtsvermittlung prägt.

Den deutschen Buchmarkt betreffend ist wohl eine Steigerung der Nachfrage nach neuen historischen Kriminalromanen zu erwarten. Hinweis dafür geben der große Erfolg und die hohen Einschaltquoten der Serie „Babylon Berlin"[44], eine Verfilmung des historischen Romas „Der nasse Fisch" von Volker Kutscher. Die Menschen sind offenbar sehr an geschichtlicher Bildung und geschichtlichen Themen interessiert und werden das, nach dem positiven Erlebnis durch Babylon Berlin, in Zukunft vielleicht auch durch das Lesen historischer Krimis weiterhin zu befriedigen versuchen.

---

[42] Erläuterungen zur Person Tucholskys s. Kapitel 1.
[43] Zur Erinnerung: *„Jeder historische Roman vermittelt ein ausgezeichnetes Bild von der Epoche des Verfassers."* – *KURT TUCHOLSKY* (s. S. 3). Quelle: Schefter.net. *Aphorismen.de.* Verfügbar unter https://www.aphorismen.de/zitat/100450 (letzter Aufruf: 11.06.2018, 21:28).
[44] vgl. ZEIT ONLINE (2018). *Fast acht Millionen Zuschauer bei "Babylon Berlin".* Verfügbar unter: https://www.zeit.de/news/2018-10/01/fast-acht-millionen-zuschauer-bei-babylon-berlin-181001-99-188726 (letzter Aufruf: 21.10.2019, 20:21).

Beispiel für Rätsel in der Ratekrimi-Reihe „Tatort Geschichte" – Band „Rettet den Pharao!" von Renée Holler:

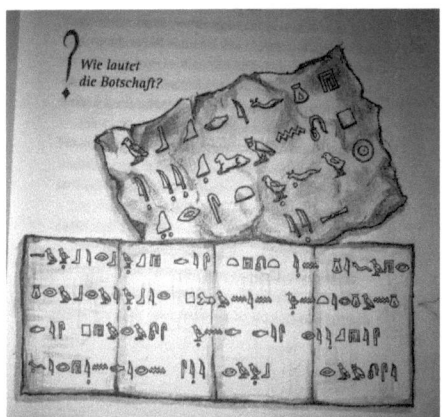

Abbildung 4: Beispiel 1 für ein Rätsel aus dem Ratekrimi „Rettet den Pharao", S. 19

Abbildung 5: Beispiel für ein Rätsel aus dem Ratekrimi „Rettet den Pharao", S. 99

Abbildung 6: Beispiel 2 für ein Rätsel aus dem Ratekrimi „Rettet den Pharao", S. 39

Literaturverzeichnis

Primärliteratur

Döhlings, C. (2012). *Wolfswinter: Historischer Kriminalroman.* Köln: emons.

Eckl, W. (2006). *MALVM RADASPONAE: Unheil in Radaspona.* Großrosseln: dvg-Verlag.

Felenda, A. (2014). *Der eiserne Sommer: Reitmeyers erster Fall.* Suhrkamp Nova.

Holler, R. (2012). *Tatort Geschichte: Rettet den Pharao!.* Bindlach: Loewe-Verlag.

Lenk, F. (2005). *Die Zeitdetektive: Teufelskraut.* Ravensburg: Ravensburger Verlag.

Sekundärliteratur

Korte, B. & Pateschek, S. (2009). *Geschichten und Kriminalgeschichte(n): Texte, Kontexte und Zugänge.* In B. Korte (Hrsg.), *Geschichte im Krimi. Beiträge aus Kultur- und Geisteswissenschaften* (S. 7 – 24). Köln: Böhlau.

Kölbl, C. (2015). *Geschichtsbewußtsein im Jugendalter.* Bielefeld: transcript Verlag.

Müller, K. P. (2009). *Fakt und Fiktion im historischen Krimi: Die Nell Bray-Romane von Gillian Linscott und die Fernsehserie Inspector Jericho.* In B. Korte (Hrsg.), *Geschichte im Krimi: Beiträge aus Kultur- und Geisteswissenschaften* (S. 105 – 130). Köln: Böhlau.

Oberhauser, C. (2009). Kindheit in der Neuzeit. *historia. scribere,* (1), 563-581.

Pahl, J.-P. (2017). *Berufe, Berufswissenschaft und Berufsbildungswissenschaft.* Bielefeld: wbv.

Internetquellen

Börsenverein des Deutschen Buchhandels (2018). *Mediendossier Krimi/Spannung 2017.* Verfügbar unter http://www.boersenverein.de/sixcms/media.php/1117/Dossier_Krimi _2018.pdf (gespeichert 30.12.2018, 14:48).

Dudenredaktion (o. J.). *Geschichtsbild, das.* Verfügbar unter https://www.duden.de/node /56687/revision/56723 (letzter Aufruf: 26.10.2019, 18:49).

RBB Fernsehen Online (2013). *Tatort Berlin: Ernst Gennat – der Mordinspektor vom Alex.* Verfügbar unter https://archive.fo/20131021225549/http://www.rbb-online.de/doku/s t/tatort-berlin-ernst-gennat.html (22.10.2019, 21:19).

Schefter.net. *Aphorismen.de.* Verfügbar unter https://www.aphorismen.de/zitat/100450 (letzter Aufruf: 11.06.2018, 21:28).

scoyo – Das Onlinemagazin für Eltern rund um Lernen, Schule, Familienleben und Medienkompetenz. *Lernen mit Geschichten – was bringt das?* Verfügbar unter https://www-de.scoyo.com/eltern/lernen/lerntipps-lernmotivation/lernen-mit- geschichten-was-bringt-das (letzter Aufruf: 11.06.2019, 21:04).

Verlag an der Este. *Produkt: Rettet den Pharao!.* Verfügbar unter https://www.verla geste.de/product/rettet-den-pharao.785933.html# (letzter Aufruf: 07.10.2019, 17:38).

ZEIT ONLINE (2018). *Fast acht Millionen Zuschauer bei "Babylon Berlin".* Verfügbar unter: https://www.zeit.de/news/2018-10/01/fast-acht-millionen-zuschauer-bei-babylon-ber lin-181001-99-188726 (letzter Aufruf: 21.10.2019, 20:21).

Abbildungsverzeichnis

Hauptteil:

Abbildung 1:   Diese Graphik wurde selbst erstellt. Bitte den „Hinweis zu den Abbildungen im Hauptteil" im Anhang beachten!!

Abbildung 2:   Diese Graphik wurde selbst erstellt. Bitte den „Hinweis zu den Abbildungen im Hauptteil" im Anhang beachten!!

Abbildung 3:   Diese Graphik wurde selbst erstellt. Bitte den „Hinweis zu den Abbildungen im Hauptteil" im Anhang beachten!!

Anhang:

Abbildung 4:   Holler, R. (2012). *Tatort Geschichte: Rettet den Pharao!* (S. 19). Bindlach: Loewe-Verlag.

Abbildung 5:   Holler, R. (2012). *Tatort Geschichte: Rettet den Pharao!* (S. 99). Bindlach: Loewe-Verlag.

Abbildung 6:   Holler, R. (2012). *Tatort Geschichte: Rettet den Pharao!* (S. 39). Bindlach: Loewe-Verlag.

Hinweis zu den Abbildungen im Hauptteil

Die im Hauptteil dieser Arbeit verwendeten Abbildungen wurden vom Autor / Schüler selbst erstellt, d. h. selbst konzipiert und auch in Eigenregie umgesetzt. Als Hilfsmittel wurden lediglich die in Office 365 (ein Produkt der Firma Microsoft Inc.) verfügbaren Piktogramme / Icons und Formen verwendet, sowie die in Pages und Keynote (Produkte der Firma Apple Inc.) Piktogramme / Icons und Formen.

Daher besitzt auch keines der Bilder einen gesonderten Quellennachweis, da es sich hierbei nach §57 UrhG um ein „unwesentliches Beiwerk" handelt und so die Verbreitung und Vervielfältigung gesetzlich ohne Zustimmung des Urhebers und ohne Zitat erlaubt ist. Es handelt sich hierbei also nicht um ein Plagiat. Außerdem wurde bei den Abbildungen auf diesen Hinweis aufmerksam gemacht, was einem Quellennachweis nahezu gleichkommt.

Ausgeschlossen von dem oben Erläuterten sind alle Abbildungen, die sich im Anhang dieser Arbeit befinden.

Hinweis zur Gender-Formulierung der Arbeit

In dieser Arbeit wird zur besseren Lesbarkeit im Fließtext, sofern es sich nicht um zitierte Stellen handelt, meist auf die gendergerechte Nennung der verschiedenen Formen (männlich, weiblich, x etc.) verzichtet. Hierfür wird die im Deutschen übliche, verallgemeinernde Form der Wörter verwendet.
Dies verhindert im Übrigen zudem auch eine Diskriminierung dritter bzw. anderer Geschlechter und intersexueller Personen.